AF124156

www.ingramcontent.com/pod-product-compliance
Lightning Source LLC
LaVergne TN
LVHW010416070526
838199LV00064B/5319
* 9 7 8 9 3 5 8 7 2 8 7 3 6 *

ارسطو کے تصور شعر و فن:
نئی تشریح

ڈاکٹر اقبال آفاقی

© Dr. Iqbal Aafaqi

Arastoo ke tasawwur Sher-o-Funn : Nayi Tashreeh
by: Dr. Iqbal Aafaqi
Edition: April '2024
Publisher :
Taemeer Publications LLC (Michigan, USA / Hyderabad, India)

ISBN 978-93-5872-873-6
9 789358 728736

مصنف یاناشر کی پیشگی اجازت کے بغیر اس کتاب کا کوئی بھی حصہ کسی بھی شکل میں بشمول ویب سائٹ پر اَپ لوڈنگ کے لیے استعمال نہ کیا جائے۔ نیز اس کتاب پر کسی بھی قسم کے تنازع کو نمٹانے کا اختیار صرف حیدرآباد (تلنگانہ) کی عدلیہ کو ہوگا۔

© ڈاکٹر اقبال آفاقی

کتاب	:	**ارسطو کے تصور شعر و فن: نئی تشریح**
مصنف	:	**ڈاکٹر اقبال آفاقی**
پروف ریڈنگ / تدوین	:	اعجاز عبید
صنف	:	غیر افسانوی نثر
ناشر	:	تعمیر پبلی کیشنز (حیدرآباد، انڈیا)
سالِ اشاعت	:	۲۰۲۴ء
صفحات	:	۴۴
سرورق ڈیزائن	:	تعمیر ویب ڈیزائن

[جیمس کیمرون کی فلم **اواتار** نے جمالیات کے مقاصد و معنی کو ایک نئے بعد سے روشناس کرایا ہے۔ انسان کی متخیلہ کو ایک نئی جہت عطا کی ہے۔ اواتار کارپوریٹ سرمایہ دارانہ دور میں کمپیوٹر ٹیکنالوجی کے بل بوتے پر لڑی جانے والی جنگ کی کہانی ہے۔ اسے پس ساختیات گرائمر میں تشکیل دیا گیا ہے۔ اس کا موضوع دکھوں اور مصائب سے نجات کا ایک نیا راستہ ہے۔ جو لبریشن اور انقلاب کا راستہ۔ اس فلم کی فینٹسی فتوحات اور غلبے کی فینٹسی نہیں جو ہزار ہا سال سے انسان کے لاشعور پر کسی بھوت کی طرح قابض رہی ہے۔ اس بھوت نے ہیرو کے تصور کو خونخواری، دہشت گردی اور موت کے کھیل سے منسلک رکھا ہے۔ اس فلم کا کارنامہ یہ ہے کہ اس نے انسانی المیے کو ایک نئی تعبیر دی ہے جس نے ہیرو کو نہ صرف سماجی ارادے سے برتر اور روایت کے تحکم سے بالاتر کر دیا ہے بلکہ کائنات سے فرد کی ہم آہنگی کو طرح نو فراہم کی ہے۔ یہاں اجنبی لوگ (Other) جو کسی اور دنیا کی مخلوق ہیں اتنی ہی ہمدردی اور محبت کے حق دار ہیں جتنا کہ ہیرو اور اس کی ساتھی عورت۔ اس اجنبی دنیا کا نام پینڈورا ہے اور یہاں کے لوگوں کو نعوی کہا گیا ہے ان 'دوسروں' کے تحفظ کے لئے ہیرو اور اسے کے ساتھی اپنوں سے بغاوت کرتے ہیں اور نعوی ثقافت و معاشرت کو بچانے کی خاطر جان پر کھیل جاتے ہیں۔

ان کے لئے اس سے بڑھ کر کوئی اور خیر اعلیٰ نہیں۔ اور ہیرو کے لئے نعوی عورت سے بڑھ کر اور کوئی عورت خوبصورت نہیں۔ بنظر غائر دیکھا جائے تو اس فلم میں حسن و خیر کا مابعد جدید تصور سامنے آیا ہے۔ ہمدردی، غم گساری، کیتھارسس اور ارتفاع کے تصورات نئے معنوں میں ڈھل گئے ہیں۔ ناقدین کا خیال ہے کہ مابعد جدید عہد میں جمالیات کا ایک نیا (مابعد جدید) تصور جنم لے چکا ہے۔ اس کے بہتر افہام کی ضرورت ہے۔ چنانچہ لازمی ہے کہ جمالیات کے معیارات کو پھر سے سمجھا جائے اور نئے پیرامیٹرز کی نشاندہی کی جائے جو آنے والے دور کی جمالیات میں کار آمد ثابت ہو سکیں۔ زیر نظر مضمون میں اسی خواہش کے تحت ارسطو کے نظریہ شعر و فن کی از سر نو تشریح کی کوشش کی گئی ہے۔ یہاں یہ بھی نشان خاطر رہے کہ جمالیات ارسطو سے شروع تو ہوتی ہے اس پر ختم نہیں ہو جاتی۔]

ارسطو نے جہاں فلسفہ اور سائنس کے میدان میں سنگ میل کارنامے سر انجام دیئے وہاں اس نے نظریہ شعر و فن کو مستقل بنیادیں فراہم کیں، شعریات اور قدر شناسی کے معیارات مقرر کئے۔ فن کو وہ فکری اور نفسیاتی جواز مہیا کیا جو افلاطون کے خیال میں محال تھا۔ اگرچہ تنقیدی انداز نظر کی پرچھائیاں ہمیں ہومر کے یہاں بھی ملتی ہیں، افلاطون کے مکالمات میں بھی ایک تنقیدی نظریہ ابھرتا نظر آتا ہے، لیکن بہ ایں ہمہ تنقید کا کوئی مثبت تصور اور فن کی تحسین کا کوئی ٹھوس معیار سامنے نہیں آیا۔ گو افلاطون کے یہاں فن شاعری کے بارے میں ایک نقطۂ نظر موجود ہے، تاہم اس کا ردّ عمل صریحاً منفی ہے۔ پہلی وجہ تو اس کا مثالی اور آدرشی

نظریہ ہے جس کے تغلب نے اس کے نظریۂ شعر کو پھلنے پھولنے نہیں دیا۔ اس کے شہر مثال میں شاعر آوارہ خیال کا بھلا کیا کام؟ چنانچہ افلاطون نے جب شہر مثال کے نین نقش واضح کئے تو حکم صادر کر دیا کہ چونکہ شاعری عقل و فہم کے خلاف اور فتنہ پرور ہے۔ اس لئے اسے شہر بدر کر دیا جائے۔ نہ ہو گا بانس نہ بجے گی بانسری۔

لیکن ارسطو سراپا عملیت پسند تھا۔ شہر مثال سے اسے کوئی غرض نہیں تھی۔ اس کے یہاں شہر مثال سے زیادہ شاعری اہم تھی۔ اس نے نہ صرف افلاطون کے منفی تصور شعر پر اعتراضات کا مدلل جواب دیا۔ اس نے روح کی تسکین اور نفس کی تہذیب کے بارے میں سوچا۔ تخیل اور وجدان کے ذریعے شعور کی کشادگی کی بات کی۔ اور اسی غائی نقطۂ نظر پر 'بوطیقا' کی بنیاد رکھی۔ شعر و شاعری کی تنقید کو ایک نیا ولولہ اور ایک نئی جہت فراہم کی جس نے ہر دور کے ماہرین انتقادیات و جمالیات کو افکار تازہ کی نوید دی۔

یہ درست ہے کہ ارسطو نے استحضاریت(Representation) کا تصور افلاطون کے فلسفۂ آرٹ کے تصور تقلید(Mimesis/ Immitation) سے اخذ کیا لیکن یہ بھی درست ہے کہ اس کا تصور فن افلاطون سے یکسر مختلف ہے۔ اس نے تقلید در تقلید کی منطق کو مسترد کر دیا ہے۔ ا اس طرح اس کے ہان تقلید کا تصور ایک متمول تخلیقی عمل کے طور پر سامنے آیا ہے۔ ارسطو کا خاصا یہ ہے کہ اس نے جہاں قبل تجربی تعقلات کے استعمال سے گریز کیا، وہاں اس نے نظریہ شعر کے تعین میں ایک ایسی سمت دریافت کی جو زندگی کے مادی حقائق سے مملو ہونے کے باعث افلاطون کی دسترس سے باہر تھی۔ ارسطو نے نقل در نقل کے بنجر تصور کو

قبول نہیں کیا۔ نقل کی اصطلاح اس کے ہاں ایک زرخیز تصور کے طور پر سامنے آئی ہے جس میں جذبات کی پذیرائی، توجہ کے ارتکاز اور قلب کی شفافیت کو اہمیت دی گئی ہے۔ ارسطو کے تصور استحضاریت میں اس واقعاتی دنیا میں بلتوں کا عمل دخل جذبات کی پذیرائی کے ساتھ موجود ہے۔ ارسطو کا تصور آرٹ محض اصولیات تک محدود نہیں کیا۔ اس نے تو اسے موضوع کی داخلی قدر و قیمت اور معنوی آفاق تک وسیع کر دیا ہے۔ ۲

وہ افلاطون کے اس دعوے سے اتفاق نہیں کرتا کہ شاعری حقیقت اولیٰ سے تین منزلیں دور ہے۔ اس کے یہاں نقالی (Mimesis) اصل کی ہی نقل ہے اور فطرت کو آئینہ کی آئنہ دار ہے۔ یہ ایک ایسی جذبی اور انعکاسی مہارت ہے جو تخیل کو مہمیز دے کر حقیقت کی جھلیاں دکھانے کے قابل ہے۔ یوں سمجھئے کہ فن کار کی آنکھ کالے بادلوں کے بیچ میں سے چاند کو تلاش کر لیتی ہے۔ یوں دو چیزیں اہم ہیں۔ ایک دیکھنے والی آنکھ اور دوسری فنی مہارت۔ چاند کی موجودگی ایک حقیقت ہے اور اس حقیقت کے تجربے کو تخیل کی مدد سے کینوس پر منتقل کیا جا سکتا ہے۔ اس طرح جو تصویر کینوس پر صورت پذیر ہو گی اسے حقیقت کی نقل تو کہا جا سکتا ہے نقل کی نقل نہیں۔ فن کے اعلیٰ نمونے اس طرح نہ صرف ہماری روح کو براہ راست مس کر کے احساسات و جذبات کی تطہیر و تزکیہ کرتے ہیں بلکہ لذت و مسرت کی کیفیات سے سرشار بھی کرتے ہیں۔ جو تجربہ حقیقت سے تین منزل دور ہو وہ اس طرح کے براہ راست اثرات مرتب نہیں کر سکتا۔ یہاں اس فکری پس منظر کو پیش نظر رکھنا بھی ضروری ہو گا جو افلاطون اور ارسطو کے درمیان تنازع کی بنیاد ہے۔

افلاطون کی مابعد الطبیعات اس دعوے پر استوار ہے کہ یہ دنیا جس میں ہم زندگی بسر کر رہے ہیں، ادھورے سچ اور نامکمل حقائق کی دنیا ہے۔ یہاں ہمارا واسطہ اصل سے نہیں، اصل کی پرچھائیوں سے ہے۔ افلاطون کا استدلال کچھ اس طرح ہے۔ عقل کہتی ہے کہ جو چیز مسلسل حالت تغیر میں ہو وہ حقیقی نہیں ہو سکتی۔ حقیقی چیز صرف وہی ہو سکتی ہے جس میں تغیر و تبدل بالکل نہ ہو۔ حقیقت وہی ہے جو امر ہے۔ جو تبدیل ہوئی ہے نہ کبھی ہو گی۔ اس کا تعلق ایک ایسی دنیا سے ہو جہاں ابدیت کا راج ہو۔ صوفیاء نے اسے عالم لاہوت کا نام دیا ہے۔ اس عالم لاہوت میں ابدیت ہی حق اور سچ ہے اور حرکت و تغیر باطل۔ امکان اور کثرت سب فریب نظر یا کم فہمی کے مسائل ہیں جو کچھ ہم اپنے گرد و پیش میں دیکھتے سنتے اور محسوس کرتے ہیں، محض عارضی اور فرضی ہے۔ حقیقت کی پرچھائیں یعنی جو کچھ بھی ہے۔ زمان و مکان اس وقت معرض وجود میں آئے جب ازلی و ابدی امثال کا عکس مادے پر ثبت ہوا جس سے زمان و مکان کی یہ دنیا وجود میں آئی۔ تصورات رنگ و بو اور صوت و آہنگ کا ظہور ہوا۔ افلاطون نے اس دنیائے رنگ و بو کا ہر چند کہ اقرار کیا ہے لیکن اسے شرف قبولیت نہیں بخشتا۔ کیونکہ یہ سب کچھ حقیقت سے تین منزل دور ہے۔ اصل کی نقل کی نقل ہے۔ دنیا عوارض و حوادث کی شکار ہے۔ حسن ازلی کو زمان و مکان کے فاصلوں اور عقل و فہم کی مجبوریوں نے ہم سے بہت دور کر دیا ہے۔ جب تک ہم آفاقی افہام کے دائرے سے باہر ہیں یہ نارسائیاں ہمارا مقدر رہیں گی۔

ارسطو حقیقت تک رسائی کے لئے عقل کی برتری کو تو مانتا ہے افلاطون کے قبل تجربی استدلال کو قبول نہیں کرتا۔ اس کے تصور حقیقت میں تو علوی اور سفلی

دنیائیں ایک دوسرے سے الگ ہونے کے باوجود ایک دوسرے سے منسلک ہیں۔ چنانچہ اس کی مابعد الطبیعات میں حقیقت اولیٰ کسی ماورائی دنیا میں براجمان نہیں، اسی دنیا میں موجود ہے۔ اس کا محور و مرکز یہی دنیا ہے۔ ارسطو نے ہیئت اور مادے کے باہمی تعلق کی جو جدلیت قائم کی وہ اسی استدلال کا شاخسانہ ہے اگر ارسطو کے یہاں ہیئت حقیقت کے درجے پر فائز ہے تو مادہ بھی اس کے ہاں غیر حقیقی نہیں۔ مسلم فلاسفہ نے مادے کی ابدیت کا سوال اسی پس منظر میں اٹھایا تھا۔ ارسطو کا اصل استدلال یہ ہے کہ کوئی شئے اس وقت تک وجود میں نہیں آسکتی ہے جب تک کہ مادے اور ہیئت کا باہمی وصال نہ ہو۔ اگر ایک موجود ہو اور دوسری ناموجود تو تخلیق کا عمل وقوع پذیر نہیں ہو سکتا۔ اب چونکہ دنیا میں اشیاء موجود ہیں اور تخلیق کا عمل جاری ہے، اس لئے اس سے انکار منطقی طور پر ناممکن ہے کہ حقیقتاس دنیا میں محرک اوّل کی حیثیت سے مسلسل رو بہ عمل ہے۔ گویا ماوراء ہو کر بھی ماورا نہیں ہے۔ (دیکھئے Panentheism) اگر ایسا نہ ہوتا تو دنیا موجود نہ ہوتی۔ اپنے نقطہ نظر کی وضاحت کے لئے ارسطو نے بیج کی مثال دی ہے جس کے اندر پورے شجر کی صورت پنہاں ہوتی ہے۔ بیج کو جب بویا جاتا ہے تو مادہ اپنی ہیئت کی تکمیل کے لئے حرکت میں آتا ہے۔ اس طرح بیج انکھوے کی شکل میں پھوٹ نکلتا ہے اور بتدریج بڑھتا چلا جاتا ہے۔ پھر ایک دن چھتنار کی صورت اختیار کر لیتا ہے۔ گویا ہیئت شروع سے ہی بیج کے اندر موجود تھی جو بیج کی مادی نشو و ارتقا کے نتیجے میں ایک چھتنار کے روپ میں سامنے آئی۔

چنانچہ ارسطو کی مابعد الطبیعاتی استدلالا فلاطونی تصوریت کی نفی پر قائم ہے۔

ارسطو کی دلیل یہ ہے کہ حقیقت مطلق اگر کوئی ہے تو اسے ہیئت محض کی صورت میں ہونا چاہیے۔ اب ہیئت محض چونکہ محرک تو ہے متحرک نہیں۔ اسے تحرک یا اظہار کے لئے لازمی طور پر مادی دنیا کے امکانات درکار ہیں جن کو بروئے کار لا کر وہ اشیا کو وجود میں لا سکتی ہے۔ مثال کے طور پر یوں بھی کہا جا سکتا ہے کہ حقیقت اولیٰ کسی کوزہ گر کی طرح مادے سے مظاہر کو وجود میں لا رہی ہے۔ مگر ٹھہریئے۔ یہاں ایک اور اشکال در پیش ہے۔ کوزہ گر اور اس کے کوزوں میں ثنویت کی ایک ناقابل شکست دیوار حائل ہے۔ کوزہ گر کوزے میں منقلب نہیں ہو سکتا۔ یہاں معاملہ بالکل الٹ ہے۔ یہاں کوئی ثنویت نہیں۔ ہیئت اولیٰ جو صانع ہے یہاں خود صناعت میں ڈھل کر لاتعداد صورتوں میں سامنے ارہی ہے۔ بہ ایں ہمہ صانع کی ابدیت اور سرمدیت میں کوئی فرق نہیں پڑتا۔ ارسطو کے اس تصور حقیقت نے صرف اس افلاطونی دعوے کی تردید کی ہے کہ ہماری یہ دنیا سایوں اور پرچھائیوں کی دنیا ہے۔ بلکہ اس تصور وحدت کی بھی نفی کی ہے جو خارج میں موجود کثرت کو تسلیم نہیں کرتا۔ یہاں یہ سوال بھی پیش نظر رہے کہ اگر حقیقت اس دنیا میں بیج کے جوہر کی طرح موجود ہے اور نشو و نما کے عمل سے گزرتی ہے تو کیا وجہ ہے کہ انسان بالعموم اس حقیقت تک رسائی پانے میں ناکام رہتا ہے۔ ارسطو کے نزدیک اس کی وجہ حواس خمسہ کی محدودیت ہے۔ جو مخفی حقائق کے براہ راست ادراک سے محروم رکھتی ہے۔ عقل فعال کی پیچیدہ فعلیت اور مناسب رہنمائی کے بغیر حقیقت تک رسائی ناممکن ہے۔ صوفی حضرات توفیق اور نصیب کی بات بھی کرتے ہیں۔ اگر فنکار مہارت سے لیس ہو، تخیل کی فراوانی اسے نصیب ہو اور توفیق و تائید ایزدی اسے

حاصل ہو تو حقیقت تک رسائی ممکن ہے۔ یہ واقعہ ایک حیران کن تجربے کی صورت میں رونما ہوتا ہے اور فنکار کو مسرت و بہجت سے سرشار کر دیتا ہے۔ صوفی کے تجربے میں بھی یہی انداز کار فرما ہوتا ہے۔ لیکن دونوں کے تجربات میں فرق بہر حال موجود ہے۔

فن کار جب لمحاتی تجلّی کے تجربے سے ہم کنار ہوتا ہے تو وہ اسے اپنے مخصوص پیرایہ اظہار میں پیش کرتا ہے۔ شاعر شعروں میں، سنگ تراش مجسموں میں اور موسیقار نغموں میں اس کیفیت تحیر کو منتقل کرنے کی کوشش کرتے ہیں۔ کوششیں کامیاب ہوتی اور ناکام بھی۔ اگر یہ معجزہ سرانجام دینے میں کامیاب ہو جائیں تو امر ہو جاتے ہیں۔ مطلب یہ کہ اعلیٰ پائے کے فن کے وقوع کے لئے یہ لازم ہے کہ فنکار نہ صرف حسن مطلق کے تجربے کی اہلیت کا حامل ہو بلکہ اس کی جھلکیاں دوسروں تک پہنچانے کی صلاحیتوں سے مالا مال بھی ہو۔ اس فکری پس منظر میں ارسطو کا یہ دعویٰ معنی خیز ہو جاتا ہے کہ فن کار نقل کی نقل نہیں کرتا، اصل کی نقل کرتا ہے۔ چنانچہ اس کے یہاں آرٹ کا فریضہ فطرت کو مصور کرنا Idealize)(اور تخیل کے زور پر جز میں کل کو منعکس دیکھنا ہے۔ کوزے میں دجلہ والی بات ہے۔ دوسرے الفاظ میں ہم کہہ سکتے ہیں کہ فن اس وقت وجود میں آتا ہے جب فن کار تخیل کے پر لگا کر عالم حواس کی پابندیوں سے آزاد ہو جاتا اور بلندیوں میں پرواز کرنے لگتا ہے۔ تو صاحبو! آرٹ کا کام محض واقعات و اشیاء کی نقالی نہیں، ایک تخلیقی تجربے کی صورت گری ہے، اس کی تقلیب و ترسیل ہے۔ سجاد باقر رضوی مرحوم نے اسی حوالے سے عمل تقلید کو تخلیق نو کے مترادف قرار دیا ہے۔ ۳

بوطیقا میں ارسطو نے شعری آرٹ (Art Poetica) کی خصوصیات پر بحث سے فن کی تھیوری تشکیل دی ہے۔ اس نے اشیاء واقعات کی تشریح کے تین مدارج کی نشاندہی کی ہے۔ پہلا درجہ تھیوری (Theoria) کا ہے جس میں اشیاء و حقائق کا جائزہ لیا جاتا ہے۔ تھیوری علم (Episteme) کی نظریاتی توضیح کرتی ہے۔ گویا اس کا تعلق تعقلات کی تشکیل اور اشیاء کے رشتوں کے افہام سے ہے۔ دوسرے درجے پر دستورو عمل Praxis) (اور صناعت و کرافٹ کا مقام ہے۔ اس کے زیر مطالعہ وہ تمام عوامل آتے ہیں جن کا واسطہ و تعلق عملی زندگی کی ضروریات کی تسکین اور کفالت سے ہے۔ تیسرا مقام شعریات (Poesis) کا ہے۔ شعر و فن کے معاملات عقلی معیارات کے پابند ہوتے ہیں نہ ہی وہ براہ راست عملی زندگی کے سولات سے بحث کرتے ہیں۔

شعریات میں نقالی (Mimesis) کا عمل انسانی ذہانت کا اہم ترین پہلو ہے۔ اس کے ذریعے انسان بچپن میں آموزش کے مدارج طے کرتا ہے۔ مشاہدہ کرتا، سیکھتا اور اپنے عمل کے نتائج کا سامنا کرتا ہے۔ اشیاء و واقعات کے علتی رشتوں تک پہنچنے کی کوشش کرتا ہے۔ اپنے اردگرد معنیات کا دائرہ بناتا اور مستقبل کی راہوں کو متعین کرتا ہے۔ بعض دوسرے جانور بھی نقل سے سیکھتے ہیں لیکن ان کی مشکل یہ ہے کہ وہ علتی رشتوں کو سمجھ نہیں سکتے اور نہ ہی معنیات کا دائرہ تشکیل دے سکتے ہیں۔ وہ عمر بھر جینیاتی جبر کے شکار رہتے ہیں۔ ان کے برعکس انسان میں Mimesis کا عمل جیناتی جبر کو توڑ کر ایک بے پناہ صلاحیت بن گیا ہے جس نے اسے نہ صرف دنیائے حیوانات میں تفوق عطا کیا اس سے بلکہ لسانی کارکردگی اور

ثقافت کا راستہ بھی ہموار ہوا۔ اس صلاحیت کا ہی کمال ہے کہ فن کار جز میں کل اور قطرے میں دجلہ کو دیکھ لیتے ہیں۔ کامیاب تقلیدی عمل میں فطرت کی نقل کے ساتھ ساتھ موضوعیت اور تخیل کی عمل کاری بھی موجود ہوتی ہے۔ یہ سب کچھ باہم آمیز ہو کر آرٹ کے پیکر ڈھل جاتا ہے۔

ڈاکٹر نعیم احمد نے ارسطو پر اپنے ایک مضمون میں واضح کر دیا تھا کہ ارسطو نقل کو افلاطون کے معنوں میں بروئے کار نہیں لاتا۔ اس نے اسے ایک ایسا تخلیقی عمل قرار دیا ہے جو جمالیاتی اقدار کی پابندی کے باوجود حقیقت کا پاسدار ہوتا ہے۔ یعنی اگر ایک طرف فن کار حقیقت یا فطرت کی براہ راست نقل کرتا ہے تو دوسری طرف اس کے تصور نقل میں تخیل کی کار فرمائی بھی شامل ہوتی ہے۔ یہی وجہ ہے کہ سرسطو کے نظریہ فن میں نقل سے زیادہ استحضاریت (Representation) کی اصطلاح کو فوقیت حاصل ہے۔ کیونکہ ارسطو کے یہاں نقل محض نقل نہیں۔ اس میں اور کچھ بھی شامل ہوتا ہے۔ تخیل اور ماورائے ادراک کے اظہار کی صلاحیت۔ چنانچہ فن کار محض نقالی ہی نہیں کرتا، وہ اپنے تخیل کی فراوانی سے استفادہ بھی کرتا ہے۔[۴] پال ووڈرف کے نزدیک نمونہ فن میں جذباتی کشش اور متوجہ کرنے کی صلاحیت کا عمل دخل ناقابل فراموش ہے۔ یہ ارسطو کے تصور استحضار کی لازمی شناخت ہے[۵] تاہم اشیاء و حقائق کی نمائندگی یا استحضار کا فریضہ ہر کوئی اپنی اپنی صلاحیت کے مطابق سرانجام دیتا ہے۔

یہاں ارسطو کے نظریہ فن کے دائرے میں رہ کر یہ دیکھنا ہو گا کہ تخلیقی عمل کے دوران فن کار کس درجہ حقیقت پر کھڑا ہے۔ اس کا واسطہ کس طرح کے حقائق

سے ہے۔ مواد، موضوع اور انسپیریشن کے وہ کون سے سرچشمے ہیں جن سے وہ فیض یاب ہوا۔ کوپل سٹون کا یہ سوال بھی غیر اہم نہیں کہ اگر یہ دعویٰ قبول کر لیا جائے کہ آرٹسٹ محسوسات کے پردوں میں پنہاں مثالی اور آفاقی عناصر دریافت کر کے انہیں فن میں منتقل کر دیتا ہے، تو کیا ارسطو بھی حقیقتِ، موضوع اور انسپیریشن کے معاملات میں مثالیت پسندی کا شکار ہوا؟

یہاں یہ دیکھنا ضروری ہے کہ ارسطو کی حسن سے کیا مراد ہے۔ سب سے پہلے تو یہ ملحوظ خاطر رکھنا چاہیے کہ ارسطو محض خوشگوار کو حسن تسلیم نہیں کرتا۔ اپنے نقطۂ نظر کو واضح کرنے کے لئے اس نے حسن کی جنسی تعریف کو ناپسند کیا ہے۔ اس کے مطابق جنسی لحاظ سے حسن کا تعین جبلی خواہشوں کا اظہار ہوتا ہے۔ آرزوؤں اور خواہشوں کی کوئی کسوٹی نہیں ہوتی کہ جس پر رکھ کر اسے پرکھا جا سکے۔ اس کے بر عکس آرٹ میں حسن کا تصور ایک معروضی سچائی ہے، اس کا ایک متعین معیار ہے۔ مابعد الطبیعات (Metaphysics) میں اس نے حسن کی معروضی تعریف اس طرح بیان کی ہے۔ ہر وہ چیز حسین ہوتی ہے جس میں توازن و تناسب و ترتیب موجود ہو۔ 'بوطیقا' میں بھی حسن کی معروضی تعریف بالکل واضح ہے۔ حسن وہ حقیقت ہے جو جسامت کی ترتیب اور موزونیت (Proportion) پر مبنی ہو۔

یہ سوال بھی یہاں غیر متعلق نہیں کہ حسن اور خیر کے درمیان فرق و امتیاز کیا ہے۔ ارسطو نے 'مابعد الطبیعات' میں لکھا ہے ' حسن وہ خیر ہے جو خوشگوار ہوتا کیونکہ وہ خیر ہوتا ہے' یہ خاصا گول مول سا جواب ہے۔ وہ حسن اور اخلاق کے درمیان حد فاصل قائم نہیں کر سکا۔ کنفیوژن کی وجہ شاید یہ ہے کہ اکثر یونانی حکماء

حسن اور خیر میں اختلاف کرنے میں دشواری محسوس کرتے رہے ہیں۔ یہ شاید زبان کا کفیوژن تھا یا ثقافتی روایت کی مجبوری؟ واضح طور پر کچھ کہا نہیں جا سکتا۔ ارسطو نے بہر حال یہ تسلیم کیا ہے کہ حسن اور اخلاق دو الگ الگ تعقلات ہیں۔ حسن کی مباحث میں غیر متحرک اشیاء بھیا جاتی ہیں جب کہ اخلاق کا موضوع وہ شخص ہوتا جو ارادی فیصلے کرتا ہے۔ ٦ اس وضاحت کا ایک فائدہ تو یہ ہے کہ اس کے ذریعے حسن اور اخلاق میں فرق کرنا آسان ہو جاتا ہے۔ مثلاً ہم کہہ سکتے ہیں کہ حسن کی تعریف میں آرزوئیں معیار نہیں ہوتیں۔ اور یہ کہ حسن کی تعریف میں جمالیاتی تفکر کے بے لوث کردار (Disinterested character) کو اہم ہوتا ہے۔ اس کے بر عکس اخلاق میں انفرادی ارادوں اور ذاتی آرزوؤں پر حکم لگایا جاتا ہے۔ اس میں دانشورانہ لا تعلقی کا کوئی عمل دخل نہیں ہوتا۔ آرٹ کی تعریف کے اس پہلو پر بعد میں کانٹ اور شوپنہار نے شرح و بسط کے ساتھ روشنی ڈالی ہے۔ مثلاً شوپنہار نے لکھا ہے ”فنکار یا صناع اپنے آپ کو ذاتی مفاد سے اس طرح آزاد کر لیتا ہے کہ ،،شفق کا مشاہدہ قصر شاہی سے کیا جائے یا روزن زنداں سے، فنی ادراک کی نوعیت میں کوئی فرق نہیں پڑتا۔ ٧ اس سلسلے میں اس نے مزید وضاحت یہ کی ہے۔ آرٹ کا منصب یہ ہے کہ علم کو ارادے کی غلامی سے آزاد کروائے، فرد کو ترغیب دلائے کہ کچھ عرصہ کے لئے مادی مفاد کا خیال بھول جائے۔ ذہن کو اس مقام بلند تک پہنچائے جہاں سے ارادے کے تصرف کے بغیر حقیقت کا مشاہدہ کیا جا سکے۔ ٨

'بوطیقا' کا موضوع خاص المیہ (Tragedy) ہے۔ لفظ ٹریجیڈی علم اشتقاق کے مطابق دو لفظوں Tragos (بکری) اور Ode (گیت) کا مرکب ہے۔ اس لئے

سلیم الرحمن نے اس کا ترجمہ بکر گیت کیا ہے۔ المیہ یونانی آریائی پر فارمنس آرٹ کی ایک قدیم اور متمول صنف ہے۔ چھٹی اور پانچویں صدی قبل مسیح میں یونانی المیہ ڈرامہ اپنے عروج پر تھا۔ ایتھنز کے تھیٹر اس فن کی آماج گاہ تھے۔ المیہ بنیادی طور پر یونان کی ثقافتی روح کا تہ دار استعارہ ہے جس میں شجاعت، عفت، حکمت اور عدالت کے عناصر کو مرکزیت حاصل رہی۔ لیکن سب سے اہم چیز تقدیر ہے جس کے خلاف لڑتے لڑتے جان دینا ہی انسانیت کی معراج ہے۔ تاریخی طور پر المیہ کا ماخذ ڈائیونائسس (Dionysus) کی کہانی ہے۔ اس کی ابتدا ڈایونائسس کی پوجا اور پرستش کے تہوار سے ہوئی۔ 9ڈائیونائسس زرخیزی کا دیوتا تھا جس کا اولمپس کی بلندیوں سے کوئی تعلق نہیں تھا۔ عشق و سرمستی ہی اس کا مشرب تھا۔ اس کے پیرو کار سرمستی اور جذب و سرور کی حالت میں یوں محسوس کرتے جیسے دیوتا خود ان کے جسم و جاں میں حلول کر چکا ہے۔ ارسطو کا نظریہ آرٹ اسی روایت کا ہی پر معنی اور با وقار تسلسل ہے۔ ارسطو کی شعریات (Poetics) کے فنی معیارت کی تشکیل میں سوفوکلیز، اسکائی لس اور یورے پڈیز کے المیہ ڈراموں کا کردار بھی نظر انداز نہیں کیا جا سکتا ہے۔

یہاں یونانی 'المیہ' کی فنی خصائص پر ایک نظر ڈالنا ضروری ہے؟ المیہ کے خصائص میں یہ شامل ہے کہ اس میں تقدس اور متانت ہو۔ دوم زندگی کا بصیرت افروز نقطہ اس کا موضوع ہو۔ انسانی وجود کی کوئی دلدوز صورت حال، کوئی بنیادی اخلاقی سوال، انسانی رشتوں کی کوئی خوفناک جہت، دیوتاؤں کے سفاک فیصلے' بے وفاوقت کی فریب کاریاں اور زمانے کی گلاخ دیواریں۔ یہ سب المیہ کے موضوعات

تھے۔ دوسری شرط یہ کہ 'المیہ' کا مرکزی کردار متانت وجاہت وخیر کا پیکر ہونا چاہیے۔ شعور عرفان سے مالا مال ہو۔ چونکہ ہیرو محض ایک فانی انسان ہے اس لئے مشکل ترین حالات میں بھی اسے اخلاقی انتخاب کا سامنا کرنا پڑتا ہے جس کے خون چکاں نتائج سے وہ بچ نکلنا ناممکن ہوتا ہے۔ چنانچہ شکست سے دوچار ہونا اس کا مقدر ہے۔ المیہ کا اختتام اس سین پر ہوتا ہے جس میں ہیرو یا اس کا کوئی محبوب کردار آناً فاناً موت کے گھاٹ اتر جاتا ہے یا بد قسمتی کا گرہن اسے اندھیروں میں پھینک دیتا ہے۔

تکنیک کا تقاضا ہے کہ 'المیہ' کو 'شاعرانہ داستان گوئی' کے روپ میں پیش کیا جائے۔ اسے میں کہانی مکمل ہونی چاہیے۔ زبان میں شعری حسن اور ترنم کا ہونا لازمی ہے۔ مرکزی واقعہ بیانیہ انداز کے بجائے جاذب توجہ تمثیلی یا ڈرامائی اسلوب میں لکھا جاتا ہے۔ واقعات کی بنت اس طرح کی جاتی ہے کہ ان سے ترحم اور خوف کے جذبات کی انگیخت ہو۔ ان جذبات کے وسیلے سے فرد میں وہ ہیجانی کیفیت پیدا ہو سکتی ہے جس سے قلب و روح کی کا تذکیہ و تطہیر عمل میں آتی ہے۔ ۱۰ ان لوازمات کے علاوہ پلاٹ کی وحدت پر بھی زور دیا گیا ہے۔ مراد یہ کہ 'المیہ' میں ابتدا، وسط اور انتہا کو ایک نامیاتی کل (Organic whole) کی طرح وقوع پذیر ہونا چاہیے۔ زمان و مکان کی وحدتوں کے ساتھ کلائمکس کی اہمیت کا خیال بھی رکھا جائے کیونکہ اس کے بغیر مطلوبہ اثر انگیزی وقوع پذیر نہیں ہوتی۔

'المیہ' کا مرکزی کردار صاحب کمال ہونا چاہیے۔ اس شرط پر وہ اس وقت پورا اترتا ہے جب وہ یہ تاثر سامعین تک پہنچانے میں کامیاب ہو جائے کہ 'المیہ' کے

گھمبیر حالات و واقعات کسی اور پر نہیں خود اس پر بیت رہے ہیں۔ وہ خود زمانے کی سنگلاخ دیواروں سے ٹکرا ٹکرا کر لہولہان ہو رہا ہے۔ جیسے وہ خود پرومیتھیس ہے جسے زیوس نے ہر روز مرنے کے لئے پہاڑ کی ایک بہت بڑی چٹان سے باندھ دیا ہے۔ اور اب سرخ آنکھوں والی گدھیں اسی کا ماس نوچتی ہیں۔ موت ہر لمحہ اس پر حملہ آور ہو رہی ہے لیکن المیہ تو یہ ہے کہ موت کبھی نہیں آتی۔ المیہ کسی چھوٹے موٹے شخص کو نہیں دیوتا سمان ہیرو کی شکست کو موضوع بناتا ہے۔ لیکن یہ شکست نیکی اور بدی میں انتخاب کا نتیجہ نہیں ہوتی۔ یہ تو کسی معمولی سی بھول چوک یا کاتب تقدیر کے کسی سفاک فیصلے کے نتیجہ ہوتی ہے۔ المیے کا عروج اس وقت مکمل ہوتا ہے جب ہیرو ہمیشہ کے لئے قعر مذلت میں گر جاتا ہے۔ سوفوکلیز کا ایڈی پس ریکس اس کی بہترین مثال ہے۔ ایڈی پس کی ذاتی زندگی کی خوفناک حقیقت جب بے نقاب ہوتی ہے تو ایڈی پس ایک احساس گناہ کا شکار ہوتا ہے جس سے نجات (Redemption) ناممکن ہے۔ موت بھی اس کے گناہ کا مداوا نہیں کر سکتی۔ باوجودیکہ یہ گناہ (Incest) اس نے جان بوجھ کر نہیں کیا تھا۔ المیہ ڈرامے کے پلاٹ میں تین شرائط کو ملحوظ خاطر رکھنا پڑتا ہے۔

ا۔ ایک نیک آدمی کو جو خوشگوار زندگی بسر کر رہا ہو، بدحالی میں گرفتار ہوتے دکھانا نہیں چاہیے۔ ارسطو کے نزدیک یہ ایک قابل مذمت عمل ہے۔ اس سے ہمارا ذہن نفرت و دہشت کی بنا پر انتشار توجہ کا باعث بنتا ہے۔ اس سے المیہ کے مثبت اثرات رونما نہیں ہوتے۔

۲۔ برے آدمی کو مصائب سے نکل کر پر تعیش زندگی کی طرف بڑھتے دکھانا

بھی درست نہیں، کیونکہ یہ انتہائی غیر المیہ صورت حال ہو گی جو نہ جذبہ ترحم کو اپیل کرے گی اور نہ ہی ہمارے اندر احساس خوف کو مہمیز دے گی۔

۳۔ ایک انتہائی برے آدمی کو بھی خوشحالی کی زندگی سے بدحالی کا شکار ہوتے بھی دکھانا نہیں چاہیے۔ اس سے جذبات کی انگیخت تو ہو سکتی ہے لیکن جذبہ ترحم اور خوف کے جذبات کو ابھرنے کا موقع نہیں ملتا۔ ترحم اور خوف کے جذبات اس وقت ابھرتے ہیں جب کوئی بڑا شخص ناحق اور ناگہانی طور پر بدقسمتی کا شکار ہو کر ذلت کے اندھیروں میں ڈوب جاتا ہے۔

'جمہوریہ' میں افلاطون نے شاعری کو مسترد کرنے کے لئے اخلاقی جواز کو بنیاد بنایا ہے۔ بقول افلاطون شاعری نہ صرف حقیقت کے ادراک سے قاصر ہے بلکہ جذبات میں انتشار پیدا کر کے انسانی کردار میں ضعف اور کج کا باعث بنتی ہے۔ جذبات میں انتشار انسان کو عقل کی رہبری سے محروم کر دیتا ہے جس کا نتیجہ حقیقت و صداقت سے غفلت کی صورت میں بر آمد ہوتا ہے۔ 'جمہوریہ' کے حصہ دہم میں افلاطون نے اپنے نقطۂ نظر کو اس طرح واضح کیا ہے۔

ہمارے نظام مملکت میں جو مستحسن باتیں ہیں ان میں مجھے سب سے زیادہ وہ قانون پسند ہے جو شاعری کے متعلق بنایا گیا ہے۔ یعنی ناقلانہ شاعری کی تردید۔

۔۔۔ شاعرانہ نقل ایک ایسی چیز ہے جو سننے والوں کے دماغوں پر ایک تباہ کن اثر ڈالتی ہے، اور اس کی مضرت کا دفیعہ صرف یہ ہے کہ اس کی ماہیت کو پوری طرح سمجھا جائے۔ ۱۱

افلاطون کے آرٹ کی تھیوری کے بارے میں یہ بیانات نظریہ، علم اور

عقلیت کی فوقیت کا نتیجہ ہیں۔ وہ شاعری کے بارے میں دو جذبیت (Ambivalence) کا شکار ہوا ہے۔ ایک طرف تو اس نے شاعری کو الہامی قوت قرار دیا۔ مثلاً سقراط اور این کے درمیان مکالمے میں وہ این سے مخاطب ہو کر کہتا ہے۔

وہ ملکہ جو تمہیں ودیعت ہوا ہے محض ایک فن یا ہنر نہیں۔ وہ ایک الہامی قوت ہے۔ تم قدوسی طاقتوں کے زیر اثر ہو۔۔۔ شاعر ایک لطیف الجبلت، پرواز کی طاقت رکھنے والی اور مقدس ہستی ہوتا ہے، اور وہ کوئی چیز اس وقت تک تخلیق نہیں کر سکتا جب تک کہ اس پر الہامی قوت کا قبضہ نہ ہو جائے۔۔۔ خدا شاعروں کے دماغ کو معطل کر دیتا ہے اور پھر ان سے اپنے پیغمبروں کا کام لیتا ہے۔ ۱۲

لیکن دوسری طرف وہ 'جمہوریہ' میں جس حقارت آمیز لب و لہجے میں شاعروں پر تنقید کرتا ہے اس کا کوئی اخلاقی جواز نظر نہیں آتا۔ جمہوریہ میں اخلاقیات کا دعوے دار اخلاق کی دھجیاں اڑاتا چلا جاتا ہے۔ بظاہر اس کی تنقید کا تختہ مشق ہومر ہے۔ لیکن در حقیقت اس کے مد نظر شاعروں کی پوری جماعت ہے۔ ہومر کو وہ جاہل بھاٹ سے زیادہ کا درجہ نہیں دیتا۔ افلاطون اس کی دلیل یہ دیتا ہے کہ اگر ہومر کی واقعی کوئی حیثیت ہوتی تو اسے سماج ٹھکرانہ دیتا، وہ دربدر مارامارانہ پھرتا۔ افلاطون نے برتری کے زعم میں مصوروں، نقاشوں اور شاعروں کی تحقیر کرتے ہوئے یہاں تک کہا ہے کہ۔

نقالی کا فن ایک پنچ ذات ہے جو پنچ ذات ہی سے بیاہ کرتا ہے، لہٰذا اولاد بھی پنچ ذات ہی ہوتی ہے۔ ۱۳

قبل ازیں شاعر کے بارے اسی لہر میں وہ مزید کہہ چکا ہے۔ اسی طرح شاعر اپنے لفظوں اور ترکیبوں سے مختلف فنون کا رنگ جماتا ہے اور ان کی ماہیت سے بس اس حد تک واقفیت رکھتا جتنی کہ نقالی کے لئے کافی ہو، دوسرے لوگ جو خود اسی کی طرح جاہل ہیں اور صرف اس کے لفظوں پر فیصلہ کر لیتے ہیں، سمجھتے ہیں کہ جب یہ نغمہ اور وزن اور بحر کے ساتھ موچی کے کام، فوجی نقل و حرکت کا، یا اور کسی بات کا ذکر کرتا ہے تو نہایت دلنشیں انداز میں انہیں بیان کرتا ہے۔ ہاں کیوں نہ ہو، نغمہ اور بحر میں قدرتاً یہ شیریں اثر ہے۔ میں سمجھتا ہوں کہ آپ نے بھی دیکھا ہوگا کہ اگر ان شاعروں کے قصوں کو اس رنگ آمیزی سے معرا کر دیجئے جو موسیقی سے ان پر چڑھایا جاتا ہے اور معمولی سیدھی سادی نثر میں انہیں بیان کیجئے تو ان کی کیسی پھس پھسی شکل نکل آتی ہے۔ ۱۴

مثالیت پسندی کے علاوہ جس چیز نے افلاطون کو شاعری اور آرٹ کے خلاف جس نفرت انگیزی پر اکسایا، وہ ہے ایتھنز کی حکمران طبقے سے اس کا تعلق۔ اس کے علاوہ یہ بھی ایک حقیقت ہے کہ آریائی اقوام نے (یونان ہو یا انڈیا) اہل حرفہ کو ہمیشہ پنچ سمجھا۔ فنون لطیفہ سے وابستہ افراد کو وہ بھاٹ میراثی کہہ کر دھتکارنے میں عار محسوس نہیں کرتے تھے۔ آریا ہر جگہ منو جی مہاراج کے پیروکار رہے ہیں۔ ان حالات میں ہم افلاطون سے کیسے توقع رکھ سکتے ہیں کہ وہ طبقاتی تعصبات سے دست بردار ہو جاتا۔ جتنا بڑا وہ فلسفی تھا اتنا ہی بڑا وہ متعصب بھی تھا۔ یہ درست ہے کہ ارسطو کا باپ مقدونیہ کے شاہی خاندان سے بطور طبیب منسلک تھا۔ لیکن اس کا تعلق شاہی خاندان سے نہیں تھا۔ اس کی خاندانی حقیقت پسندی اور زمینی اپروچ نے

ارسطو کو اس ذہنی خناس (Bewichment) سے بچا لیا جس کا شکار افلاطون ہوا۔ یہاں ایک اور تضاد کی نشان دہی کرنا بھی ضروری ہے جو افلاطون کے تصور شاعری کے بیچوں بیچ موجود ہے۔ ایک طرف تو وہ شاعر کو تلمیذ الرحمان قرار دیتا ہے اور دوسری طرف اسے شہر بدر کرنے کی بات بھی کرتا ہے۔ اس قسم کا تضاد اس کے ہاں بطور معلم اخلاق بھی موجود ہے اور اس کی مابعد الطبیعات میں بھی کار فرما نظر آتا ہے۔ اس تضاد کی ایک وجہ شاید یہ ہے کہ وہ دو انتہاؤں میں بسنے والا انسان تھا۔ وہ ایتھنز کی حکمران جماعت کا رکن رکین تھا اور وہ سقراط جیسے ذہین فلسفی کا شاگرد بھی جسے ایتھنز کی اشرافیہ نے بے راہ روی پھیلانے کے الزام میں موت کی سزا دی تھی۔ ایک طرف نسلی برتری کے قواعد تھے اور تو دوسری طرف عظمت کی وہ شخصی مثال جسے افلاطون نے 'اپالوجی' لکھ کر بے پناہ خراج تحسین پیش کیا تھا۔ اس تضاد کو ہم تصوریت اور شاعری، نسلی برتری اور انسانیت کے درمیان ازل سے جاری جنگ کا تسلسل قرار دے سکتے ہیں۔

'جمہوریہ' میں افلاطون نے اپنی مثالیت پسند منہاج کے عین مطابق تاریخ کو شاعری پر ترجیح دی۔ اس نے ہومر کو مورد الزام ٹھہرایا کہ اس نے اوڈیسی میں تاریخ کو مسخ کیا ہے۔ یہ الزام اگر درست بھی ہو تو اسے شاعری کا استرداد کا جواز نہیں بنتا۔ ارسطو اس جواز کو کیسے تسلیم کر سکتا تھا۔ اس کے الٹ اس کا اصرار تھا کہ شاعری تاریخ سے زیادہ معنی خیز اور بصیرت افروز ہے۔ وہ دلیل یہ دیتا ہے کہ چونکہ شاعر کی نظر میں کلیہ حقائق ہوتے ہیں، اس لئے وہ ارفع صداقتوں تک پہنچ سکتا ہے۔ اس کے برعکس تاریخ دان کی رسائی جزیہ حقائق تک محدود ہوتی جن کے

مطابق وہ صداقت کا ادراک کرتا ہے۔ ارسطو نے لکھا ہے:

یہ شاعر کا فریضہ ہے کہ وہ ان چیزوں کو بیان نہ کرے جو وقوع پذیر ہو چکی ہیں۔ بلکہ ان چیزوں کا ذکر کرے جن کا اغلبیت کے ساتھ وقوع پذیر ہونا لازمی ہے۔ اس وجہ سے شاعری زیادہ سنجیدہ اور فلسفیانہ ہے۔ شاعری آفاقی صداقتوں پر روشنی ڈالتی ہے اور تاریخ جزئیات نگاری سے آگے نہیں جاتی۔ آفاقی حقیقت کے بارے میں زیادہ یقین سے بات کی جاسکتی ہے۔ یہی شاعری کا مقصد وہدف ہے۔ ۱۵

چناچہ ارسطو کے نزدیک ' المیہ ' میں ایک خاص طرح کی مقصدیت کار فرما ہوتی ہے۔ وہ مقصدیت ہے قاری یا سامع کا تذکیہ نفس۔ تزکیہ نفس (Catharsis) خوف اور ترحم کے ان جذبات سے بر آمد ہوتا ہے جن کو المیہ صورت حال مہمیز دیتی ہے۔ ارسطو نے تذکیہ کی نفسیات کے دو اصول نشان زد کئے ہیں۔ (۱) ہم احساسیت اور (۲) مماثلت۔ ہم احساسیت اور مماثلت کے ذریعے رکے ہوئے جذبات بہہ نکلتے ہیں۔ ناظرین جب المیہ تمثیل کو دیکھتے ہیں تو ان کے اندر یہ سوچ کر عافیت کا گہرا احساس ابھرتا ہے کہ وہ خود ان مصائب و آلام کا شکار نہیں ہوئے۔ یہ تو کوئی اور تھا خونچکاں حالات سے نبرد آزما ہو کر جان کی بازی ہار گیا۔ یہ تو ہوئی تزکیہ کی ایک تشریح، دوسری تشریح کے لئے ہم کیرن آرم اسٹرانگ کے ممنون ہیں۔ وہ کہتی ہیں کہ یونانیوں کے ہاں یہ پختہ عقیدہ تھا کہ باہم مل کر رونے سے نہ صرف دکھ درد بانٹے جاتے ہیں بلکہ انسانوں میں اعتماد اور ہمدردی کا تعلق بھی استوار ہوتا ہے۔ ۱۶ اپنے نقطہ نظر کی وضاحت کے لئے اس نے ہومر کی نظم ایلیڈ کا وہ حصہ اقتباس کیا ہے جس میں ' ٹرائے ' کا بادشاہ پریام دکھ اور خجالت کی

تصویر بنے ایکلیز کے خیمے میں عاجزی سے داخل ہوتا ہے اور اس کے قدموں میں بیٹھ کر اپنے بیٹے ہیکٹر کی میت کا مطالبہ کرتا ہے۔ ایکلیز پریام کی بے بسی اور خجالت سے اس قدر متاثر ہوتا ہے کہ اس کا ہاتھ تھام لیتا ہے اور پھر دونوں گریہ کرنے لگتے ہیں اپنے پیاروں کو یاد کر کے، جن کو موت نے پچھاڑ دیا، جن کی جدائی کا غم وہ جیتے جی فراموش نہیں کر پائیں گے۔ ایلیڈ کے محولہ اقتباس کا ترجمہ ذیل میں درج ہے

جب پریام ایکلیز کے قدموں میں سمٹ کر بیٹھ گیا۔
اور اپنے بیٹے ہیکٹر کو یاد کر کے رونے لگا
اس شخص کے سامنے
جس نے اس کے بیٹے کو بے دردی سے قتل کر دیا تھا۔
اور پھر عجب یہ ہوا کہ ایکلیز بھی اس کے ساتھ رونے لگا
اپنے باپ کو یاد کر کے
اور پھر پیٹروکلس کو یاد کر کے
جب عظیم ایکلیز تسلی سے اہ وزاری کر چکا تو
اس کی روح اور جسم کو قرار آ گیا۔
وہ اپنی کرسی سے اٹھا، اور بوڑھے پریام کا ہاتھ پکڑ لیا
اسے اپنے قدموں پر کھڑا ہونے میں مدد دی
اور ہمدردی و غمخواری کے ساتھ اس کے سر اور داڑھی کے سفید بالوں پر نظر ڈالی۔

کیرن آرم سٹرانگ نے ہمیں بتایا ہے کہ مل کر رونے کی نفسیات کس قدر نتیجہ

خیز ہے کہا س نے دو د شمنوں کو نہ صرف ایک دو سرے کے قریب کر دیا بلکہ ایک دو سرے میں دیوتاؤں کی سی شکتی کو دیکھنے پر مجبور کیا۔ اس طرح کیرن آرم سٹر انگ نے ' المیہ ' کے تصور کو ایک نیا معنوی رخ عطا کیا ہے۔ اسے دو طرفہ بندشوں سے نجات کا ذریعہ اور Psychotheripy کا عمل بنا دیا ہے۔ اس نے غم و اندوہ کے اجتماعی اظہار کی اہمیت پر زور دے کر اس جادوئی ڈائمنشن کو منکشف کیا ہے جس سے الطا میر اغاروں کے زمانے کے لوگ واقف ہیں۔ غم و اندوہ کے مشترکہ اظہار نے انسان کو بد سے بد ترین حالات میں سے گزر جانے کا حوصلہ عطا کیا ہے۔ غم و اندوہ کے اجتماعی تجربے سے ہم احساسیت مضبوط تر ہوتی ہے۔ حوصلہ ملتا ہے کہ ہم دنیا میں یکہ و تنہا نہیں ہیں۔ ہمارے دکھ درد میں اور لوگ بھی برابر کے شریک ہیں۔ یہ احساس اس صحت بخش کیفیت کو جنم دیتا ہے جو فرد کی مفاہمت نہ صرف خود سے بلکہ سماج اور فطرت سے بھی کراتا ہے۔

المیہ تجربے میں اشتراک کی صحت بخش کیفیت کی نشاندہی کے لئے ارسطو نے کیتھارسس) (Catharsis کی اصطلاح کو برتا ہے۔ کیتھارسس کے معنی تک رسائی کے لئے ضروری ہے کہ ان چار حوالوں سے اس اصطلاح پر روشنی ڈالی جائے یونانی زبان میں کیتھارسس جن کا تعلق طب، نفسیات، اخلاقیات اور علمیات کے شعبوں سے ہے۔ طب میں اس کا مطلب تنقیہ اور اسہال ہے۔ نفسیات میں اس سے مراد دبے ہوئے احساسات کا اخراج ہے۔ اخلاقیات میں اس اصطلاح کو تطہیر نفس کے معنوں میں استعمال کیا جاتا ہے۔ علمیات میں اس کا کام تطہیر کے ساتھ توجہ کے معروضات (Objects) کو شفاف بنانا ہے۔ ارسطو کی کتاب 'سیاسیات' سے یہ ظاہر

ہوتا ہے کہ اس نے کیتھارسس کو صرف تطہیری اثرات تک محدود رکھا ہے اخلاقیات کو اس میں شامل نہیں کیا۔ اس کا مقصد تو ان معروضات کی نوعیت کو واضح کرنا ہے جو جذبات کی انگیخت کا باعث ہوتے ہیں جس سے انسان کی روح کی گہرائیوں میں مستور جذبات بہہ نکلتے ہیں۔ روح کی تسکین ملتی ہے۔ یہ ایک اچھے فنکار کی ذمہ داری ہے کہ وہ سامع و ناظر کی تربیت کچھ اس طرح کرے کہ وہ اپنے خوابیدہ جذبات کا بر وقت اظہار کر سکے۔ ارسطو کے نزدیک دبے ہوئے جذبات کا بر ملا اظہار روحانی تذکیہ کرنے کے علاوہ جسمانی صحت کے لئے بھی مفید ہے۔

فلاسفہ کے یہاں کیتھارسس کی تشریح پر خاصا اختلاف رائے موجود ہے۔ مثلاً پروفیسر اسٹیس کیتھارس کی ڈائرایا تھیوری کو قبول نہیں کرتا۔ اس کے نزدیک کیتھارسس کی لغوی تشریح ان لوگوں کو پرکشش لگتی ہے جو علم و فضل میں تو دسترس رکھتے ہیں لیکن آرٹ کے معاملات میں جن کی رسائی خاصی محدود ہے۔ وہ سمجھتے ہیں کہ آرٹ کو کیتھارسس تک اور کیتھارس کو جذبات کی تطہیر تک محدود کر دیتے ہیں۔ اس طرح کیتھارسس کو محض ناخوشگوار جبلی جذبات کے اخراج کا ذریعہ بن دیا جاتا ہے۔ اسٹیس کے خیال میں معاملہ اتنا سیدھا نہیں۔ اس تشریح نے ارسطو کی تھیوری کو تابانی سے محروم کر کے بد ذوقی کا مظہر بنا دیا ہے۔ ۱۷ اس غلط فہمی سے بچاؤ کا ایک ہی حل ہے 'المیہ' کی درست تعریف اور تفہیم۔ فادر کوپل سٹون کے خیال میں ڈائریا تھیوری پر وفیسر اسٹیس کا اعتراض چنداں غلط نہیں۔ اسٹیس کے ہاں المیہ کا تصور جن ارفع کیفیات کا آئینہ دار ہے پر کار گر نظر آتا ہے وہ ڈائریا تھیوری کی پہنچ سے بہت دور ہیں۔ اس کے نزدیک المیہ استحضاریت کے ذریعے

خوف اور ترحم کی اس تجربی واردات کا نام ہے جو انسان کی روح کو پاکیزگی عطا کرتی ہے۔ گویا اصل مسئلہ جذبات کی تطہیر و نہیں روح کی تطہیر ہے۔

المیہ اور طربیہ ڈراموں کے علاوہ آرٹ کی اور صورتیں بھی ہیں۔ مثلاً مصوری، موسیقی، مجسمہ سازی، طربیہ شاعری اور فکشن نویسی ہے۔ تاہم ان سے ارسطو نے براہ راست بحث نہیں کی۔ بعض روایات کے مطابق بوطیقا کا نصف کے قریب حصہ گم ہو چکا ہے۔ چنانچہ ان اصناف پر صرف اندازے سے ہی گفتگو کی جا سکتی ہے۔ اب چونکہ ان سب اصناف کی اپنی ایک مخصوص شناخت اور سبجیکٹ میٹر ہوتا ہے اور میڈیم اور خود مختار سانچے ہوتے ہیں۔ ان میں تخیل اور تجرید کے باہمی کھیل کا اپنا اپنا معیار ہوتا ہے جسے سامنے رکھ کر ہی تخلیقی عمل کی ارفعیت کے بارے میں فیصلہ کیا جا سکتا ہے۔ اس لئے ان کے بارے میں تقلید کے محدود تصور کے اندر رہ کر کوئی رائے قائم کرنا بہت مشکل ہے۔ آرٹ کی ہر صنف ایک خاص ذوقی تجربے کا احاطہ کرتی ہے۔ ان سب میں زندگی کی انفرادی مجبوریاں، حوادث کا گہرا احساس، گزرتے وقت کا شعور اور ثقافتی مقامیت کا ادراک آرٹ کے بین الموضوعی تاثرات میں ڈھل کر سامنے آتا ہے۔ آرٹ نہ صرف دکھ درد میں شراکت کا معیار فراہم کرتا ہے بلکہ یہ ہماری عادات واطوار اور دلچسپیوں کا آئینہ دار بھی ہے۔ آرٹ فرد کو روحانی ترفع اور ذہنی تابانی کی راہ دکھاتا ہے۔ ہم روحانی اور معنوی طور پر کامرانی کے شعور سے مالامال ہوتے ہیں۔ آرٹ ہمیں چیزوں کے درمیان تعلقات اور نسبتوں کو بھی آشکار کرتا۔ اور ان چیزوں کو جو جبلتوں کے گہرے اندھیرے میں گم ہوتی ہیں شعور و ادراک کی روشنی میں لا کر مستنیر کر دیتا ہے۔ اس عمل سے

جہاں انسان کی روحانی اور نفسیاتی مقتضیات کی تشفی اور تکمیل ہوتی ہے، وہاں اس پر معنیات کے دریچے درجہ بہ درجہ وا ہو جاتے ہیں۔ یہی آرٹ کی وہ سحر کاری ہے جس کو سامنے تقلید کا روکھا پھیکا افلاطونی تصور لایعنی بلکہ بعض اوقات تو لغویت کی حدود کو چھونے لگتا ہے۔

ارسطو کے نزدیک شاعری تاریخ سے زیادہ تخلیقیت کی حامل ہے۔ تاریخ کا کام ان چیزوں کا بیان ہے جو وقوع پذیر ہو کر ماضی کے بند صندوق کا حصہ بن جاتی ہیں اور زندگی کے دائرے سے باہر نکل جاتی ہیں۔ آریا اسی لئے مردوں کو دفناتے نہیں تھے جلا دیتے تھے۔ شاعری کا تعلق اس کے برعکس ابدیت سے ہے۔ ان چیزوں کا احاطہ کرتی ہے جو حال کے تسلسل میں موجود ہیں یا رواں مستقبل میں ظہور پذیر ہو سکتی ہیں۔ شاعر اور مورخ کے درمیان فرق یہ نہیں کہ ایک شعری زبان و آہنگ میں لکھتا ہے اور دوسرا نثر میں اظہار کرتا ہے۔ بقول ارسطو اگر ہیروڈوٹس کی تاریخ کو نظم کر دیا جائے تب بھی وہ تاریخ ہی رہے گی مردہ تاریخ کا حصہ، شاعری نہیں بن پائے گی۔ کوپل سٹون نے فرق واضح کرتے ہوئے لکھا ہے کہ ایک تاریخ دان جب نپولین کی شخصیت کے بارے میں لکھے گا تو وہ اس کی زندگی کے حالات اور تاریخ میں اس کے کردار پر روشنی ڈالے گا۔ اس کے کارناموں اور ناکامیوں کو نشان زد کرے گا۔ اس کے برعکس شاعر جب نپولین کو اپنا موضوع بنائے گا تو وہ اسے Epic ہیرو قرار دینے کے باوجود تاریخی حقائق کی صحت کو کچھ زیادہ اہمیت نہیں دے گا۔ ۱۸ شاعر تو اس کی ذات کے آفاقی جہتوں اجاگر کرے گا۔ وہ زیادہ توجہ عالمگیر صداقتوں اور امکانی حقائق کو دے گا۔ یہ درست ہے کہ شاعر تاریخ سے موضوع

اور مواد کا انتخاب کر سکتا ہے لیکن وہ جو کچھ بیان کرتا ہے وہ وژن اور امکانیت اور ترفع کے باوصف شاعری کے زمرے میں آئے گا۔ چنانچہ ارسطو نے کہا ہے کہ شاعر پر لازم ہے کہ وہ اس چیز کو بیان کرے جو قرین قیاس ہے لیکن ناممکن ہے، نہ کہ اس چیز کو بیان کرے جو ممکن ہے لیکن قرین قیاس نہیں۔ ارسطو شاعری کے کلیہ کردار پر اصرار کرتا ہے۔ اس کے نزدیک فن کار کا فریضہ انفرادی اور تاریخی کرداروں کی رونمائی کے بجائے عمومی کرداروں کو سامنے لانا ہے۔ ایسے کردار جو کلیہ ہونے کے ساتھ ساتھ مثالی بھی ہوتے ہیں۔

یہاں یہ سوال توجہ طلب ہے کہ آرٹ اور خیر (good) کا باہمی تعلق کیا ہے ؟ارسطو نے اس موضوع پر ' سیاسیات ' میں جو بحث کی ہے اس سے یوں لگتا ہے کہ فن اور آرٹ میں اس کی دلچسپی کا سبب نیکی اور خیر کی تعلیم ہے۔ یہ سوال اس لئے بھی اہم ہے کہ ارسطو ایک حقیقت پسند فلسفی تھا۔ اس کے ذہن میں موقع و محل کی مناسبت اور غرض و غایت کے معاملات بھی ہونگے۔ جمالیات کے پروفیسر بوسنکے نے مثبت وضاحت کرتے ہوئے لکھا ہے کہ تعلیم میں جمالیاتی دلچسپی کو متعارف کرانا کچھ اور ہے اور جمالیات میں تعلیمی دلچسپی کو فروغ دینا کچھ اور۔ ۱۹ ارسطو نے ڈرامے اور موسیقی کے مقاصد میں تعلیم کے کردار کی یقیناً نشاندہی کی ہے۔ لیکن اس کا مطلب ہرگز یہ نہیں کہ جو شخص آرٹ میں تعلیم کے پہلو کی بات کرتا ہے، وہ خیر کو آرٹ کا لازمی پہلو قرار دے رہا ہے۔ ارسطو نے اگر آرٹ کے تعلیمی اور اخلاقی پہلوؤں کی نشاندہی کی ہے تو اس سے یہ ہرگز ثابت نہیں ہوتا کہ وہ آرٹ کی تفریحی اثرات سے انکار کر رہا ہے۔ البتہ یہ سچ ہے کہ ڈرامہ اور موسیقی کو محض تفریح و

مسرت اندوزی تک محدود کرنا اس کا مقصود نہیں تھا۔ وہ آرٹ کو فینٹیسی قسم کی چیز کے طور پر بھی پیش نہیں کرتا۔ وہ تو اس ارفع قسم کی تفریح کی طرف متوجہ ہے جس کا مطلوب و مقصود تفریح سے بہت کچھ زیادہ ہے۔

وہ تصوراتی آدمی نہیں ہے۔ اس کی اپروچ میں عقل سلیم کا عمل زیادہ ہے۔ اس نے آرٹ اور شاعری کو ایک مثبت قدر کے معنوں میں لیا ہے۔ اس کے ہاں آرٹ سے حاصل شدہ مسرت کسی ماورایئت یا آدرشیت سے مشروط نہیں۔ نہ ہی وہ کسی ماورائی نصب العین کو تسلیم کرتا ہے۔ اس کا دعویٰ ہے کہ ہر نصب العین کی ایک فطری بنیاد ہوتی ہے۔ چنانچہ وہ انسانی فطرت کو سامنے رکھ کر آرٹ کا محاکمہ کرتا ہے۔ وہ آرٹ کی قدر و قیمت اور موثرات کے تعین میں انسانی فطرت کو نظر انداز نہیں کرتا۔ یہی وجہ ہے کہ اس نے آرٹ سے حاصل شدہ مسرت کو عقل سلیم سے مربوط کر دیا ہے۔ وہ کہتا ہے کہ زندگی کا مقصد خیر کا حصول اس لئے نہیں کہ خیر بنفسہ اچھی چیز ہے بلکہ خیر اس لئے اچھی چیز ہے کہ یہ مسرت کی تحصیل کا ذریعہ ہے۔ چنانچہ ارسطو کے یہاں آرٹ کی اہمیت یہ ہے کہ یہ براستہ تذکیہ و تطہیر روح کو تسکینا ور مسرت فراہم کرتا ہے اور بالآخر انسانیت کی تہذیب اور تربیت کا ذریعہ بن جاتا ہے۔

'المیہ' میں موضوع، پلاٹ، کردار اور ایکشن کی اہمیت کے ساتھ ساتھ شاعری، موسیقی اور غنائیت اور سٹیج کا پر شکوہ ہونا بھی اہم ہے۔ المیہ تمثیل کی مثال ایک ایسے دریا کی ہے جس میں بہت سی ندیاں اپنے اپنے بیانیوں (Narratives) کو لے کر شامل ہو جاتی ہیں اور پھر ایک ایسا اظہاریہ تشکیل پاتا ہے جو مہا بیانیے کی

صورت اختیار کر لیتا ہے جیسے ایڈی پیکس ریکس یا پرومیتھیس ان باونڈ وغیرہ۔ ان کو اگر مہا بیانیے قرار دیا جائے تو غلط نہ ہو گا۔ المیہ غم واندوہ سے بھرپور زندگی کا۔۔۔ ایک مکمل سماجی اور نفسیاتی صورت حال کا آئینہ دار ہوتا ہے جس کے مکالموں میں جذبات کی شدت، جس کی شاعری میں بے پناہ حسن اور منظر ناموں میں جاذبیت اپنے عروج پر ہوتی ہے۔ المیہ میں زمان و مکان کی وحدت کو نظر انداز نہیں کیا جا سکتا۔ اس میں وقت کے ٹھہر جانے کا احساس ہوتا لیکن وقت دریا کی طرح رواں دواں رہتا ہے۔

جیسا کہ پہلے عرض کیا جا چکا ہے کہ ارسطو کے تصور حقیقت میں ہیئت اور مادے کے کھیل کو مرکزیت حاصل ہے۔ یہ کھیل ایک صعودی تسلسل اور مراتبی نظام کا پابند ہے۔ بلند ترین مقام خالص ہیئت یا ذات حق کا مقام ہے۔ نیچے مادے اور صورت کے باہمی وصال سے معرض وجود میں آنے والی اشیاء کی دنیا ہے جس میں زمان و مکان، حرکت و تغیر اور ارتقا کا عمل ایک غائی کشش کی طاقت سے جاری و ساری ہے۔ ۲۰ اس مراتبی سلسلے کے نزولی سفر میں مادی حقائق کا غلبہ بڑھتا چلا جاتا۔ اس ماڈل کو سامنے رکھ کر ہم یہ فرض کر سکتے کہ آرٹ کی مختلف اقسام میں بھی استحضار کا ایک مراتبی نظام ہونا چاہیے۔ اور اگر یہ مفرضہ درست ہے تو یہ نتیجہ اخذ کرنا غلط نہیں ہو گا کہ آرٹ کی اصناف میں سے جو صنف ہیئت خالص کے زیادہ قریب ہو گی وہ مجرد تصورات (Abstract Images) کا احاطہ کرنے کی نسبتاً زیادہ اہل ہو گی۔ اس سلسلے میں موسیقی کی مثال سامنے کی ہے۔ مگر ارسطو کی اس سے مختلف ہے۔ اس نے تو موسیقی کو تمام فنون میں سے سب سے زیادہ شرائط تقلید کا

پابند قرار دیا ہے۔ ارسطو کا یہ نقطہ نظر صدیوں سے ہدف تنقید ہے کیونکہ اس نے اپنے ہی ماڈل کے منطقی نتائج کو مسترد کر دیا ہے۔

نوئل کیرل نے ارسطو سے اختلاف کرتے ہوئے کہا ہے کہ آرٹ اور فنون کے وہ شعبے جن میں Subject matter بالکل نہیں ہوتا، ان پر نقل کی تھیوری کا اطلاق درست نہیں۔ مثلاً تجریدی مصوری، آرکیسٹرا کی موسیقی، تجریدی وڈیوز، اور رقص کے وہ حصے جن میں کسی چیز کی نقل یا نمائندگی نہیں ہوتی، بقول نوئل کیرل نقل یا استحضاریت کے دائرے میں نہیں آتے۔ ۲۱

اسی طرح این شیفرڈ نے اصرار کیا ہے کہ نیچر میں کوئی ایسی چیز موجود نہیں جس کی نقل تجریدی مصوری' غنائیہ نظم یا موسیقی کا کوئی ٹکڑا کر سکے۔ ۲۲ اس کا جواب یہ دیا جا سکتا ہے کہ تجریدی مصوری اور موسیقی میں چونکہ جذبات (غصہ، غم یا دکھ) کی نشاندہی کی جاتی ہے، اس لئے یہ اصناف استحضاریت کے ذیل میں شمار کی جا سکتی ہیں۔ این شیفرڈ کے خیال میں یہ استحضاریت کی تھیوری کو ضرورت سے زیادہ پھیلانے کی کوشش ہے، جو منطقی لحاظ سے درست نہیں۔ این شیفرڈ نے بھی نوئل کیرل کی طرح استدلال کیا ہے کہ جن آرٹ کے نمونوں میں Suject matter یا اس سے ملتی جلتی کسی چیز کی نشاندہی نہیں کی جا سکتی تو ان کو غیر استحضاری آرٹ کا درجہ دینا نامناسب نہیں۔ این شیفرڈ کا یہ استدلال خاصا صائب نظر آتا ہے۔ کیونکہ جب کوئی صنف قابل شناخت معروضی مواد سے تہی ہو تو وہ استحضاریت کے ذیل میں کس طرح آ سکتی ہے؟۔ مثلاً موسیقی میں ہم ایک ایسی شے کو حقیقت تسلیم کرتے اور اسے بروئے کار لاتے ہیں جو قطعاً مرئی نہیں ہوتی۔ اسے مجسم شکل میں

فرض کر کے گرہ لگاتے اور کام میں لاتے ہیں۔ اس میں خارجی کائنات کی عکاسی موجود ہوتی ہے نہ ہی کسی مخصوص شے کا حوالہ دیا جاتا ہے۔ اس لئے موسیقی میں نقل یا استحضاریت کے عنصر کی نشاندہی مشکل ہو جاتی ہے۔ سوسن لینگر نے اس دعوے کی تصدیق ہے۔

موسیقی نمایاں طور پر غیر استحضاری صنف ادب ہے۔ کلاسیکی پیش کش کے حوالے سے بھی اور اپنی اعلیٰ ترین صورتوں کے حصول کی سطح پر بھی۔ یہ نہ صرف ظاہری انداز میں خالص فارم یا صورت کا اظہار کرتی ہے بلکہ جوہری طور پر بھی خالص صورت کی مظہر ہے۔ اگر ہم اس کے عروج کے زمانے کو لیں تو باخ سے بیتھوون تک ہم دیکھتے ہیں کہ اس میں ساخت کے علاوہ کوئی اور چیز شامل نہیں۔ کوئی منظر نامہ ہے نہ کوئی معروض اور نہ ہی کسی حقیقی واقعہ کا بیان اس کے دائرہ کار کا حصہ بنتا نظر آتا ہے۔۲۳

موسیقی کے برعکس وہ فنون جن کے مشاہدے میں ہم حسیات کو کام میں لاتے ہیں جیسے رقص، اداکاری اور فکشن نگاری وغیرہ۔ ان کو استحضاریت کو پہلے درجے پر رکھنا پڑتا ہے۔ اب یہ طے ہے کہ جہاں استحضاریت کا اثر و رسوخ زیادہ ہو، وہاں تخیل کی آزادی محدود ہو جاتی ہے۔ شاعری میں چونکہ متخیلہ کی آزادی انتہاؤں کو مس کر سکتی ہے، اس لئے اس میں تجریدیت کا عمل دخل نسبتاً زیادہ ہوتا ہے، اس میں استحضاریت کم ترین سطح پر آ جاتی ہے۔ اسی وصف کی بنا پر شاعری صوفیاء کے یہاں مقبول صنف سخن رہی ہے۔ شاعری کو وہ ان وحدت الوجودی تجربوں کے اظہار کا وسیلہ بناتے ہیں جو بقول ان کے تجزیہ و تحلیل سے ماوراء اور ناقابل ترسیل

ہوتے ہیں۔ گویا صوفیاء کے ہاں شاعری کی پہنچ مکمل تجرید کی دنیا تک ممکن ہے۔ مکمل تجرید کی دنیا جسے کانٹ نے In Itself کی دنیا کا نام دیا ہے۔

اب یہاں تجرید کے بارے میں کچھ عرض کرنا ضروری ہے۔ تخلیق کے دائرے میں تجرید ایک نہایت انوکھی اور برتر کیفیت کا نام ہے۔ یہ کیفیت ہمیں مادی احوال سے اوپر اٹھا کر ارفع احسات کی دنیا میں منتقل کرنے کی صلاحیت سے مالا مال کرتی ہے۔ باطن کو مستنیر اور روح کو لطافت سے سرشار کر دیتی ہے۔ یہاں بیتھون کی سمفنی تجرید کی بہترین مثال ہے۔ کولنگ ووڈ نے تجرید اور موسیقی کے براہ راست تعلق کو واضح کرتے ہوئے کہا ہے کہ موسیقی تجرید کے سب زیادہ قریب ہے۔ ۲۴ موسیقی میں ہم معروضی دنیا کی جانب نسبتاً کم متوجہ ہوتے ہیں اور چونکہ اس میں زبان کی پابندیوں سے استثنا کی گنجائش مل جاتی ہے اس لئے خالص تخیل کو پوری طرح روبہ عمل آنے کے مواقع فراہم ہوتے ہیں۔ اس حقیقت کے پیش نظر ہی موسیقی کو آرٹ کو غیر استحضاری یا غیر تقلیدی صنف قرار دیا گیا ہے۔ بقول سوسن لینگر موسیقی میں:

ایک مکمل ساخت تو موجود ہوتی ہے لیکن کوئی منظر' کوئی معروض اور کوئی واقعہ موجود نہیں ہوتا۔ موسیقی کے علاوہ شاعری اور مصوری میں تجریدی کیفیات کے اظہار کے بہتر مواقع فراہم ہوتے ہیں۔ ان دونوں اصناف میں واردات و کیفیات غیر استحضاری سطح کو مس کر سکتی ہیں۔ چونکہ ان دونوں میں متخیلہ کا عمل دخل زیادہ ہوتا ہے، اس لئے متخیلہ کی اڑان کے دوران اگر رشتوں کی دنیا معدوم ہو جائے تو تعجب کی بات نہیں ہوتی۔ ۲۵

ارسطو کے نظریہ استحضاریت میں متخیلہ کی جہت اتنی توجہ نہیں دی جتنی اس سلسلے میں ضروری تھی۔ ایک وجہ تو یہ ہے کہ اس کا سارا استدلال افلاطون کے اعتراضات پر مرکوز ہے۔ جوابی استدلال کی اپنی مجبوریاں ہوتی ہیں۔ پہلی مجبوری تو یہ کہ انسان خواہ کتنا ہی بڑا نابغہ کیوں نہ ہو، وہ بحث کے قضایا کا پابند ہوتا ہے۔ دوسری مجبوری یہ کہ ارسطو کے دور میں ابھی تک لفظ آرٹ جمالیاتی تخلیقی عمل کے معنوں میں مقبول نہیں ہوا تھا۔ جمالیاتی تصور تخلیق بہت بعد کی ایجاد ہے۔ اس کے علاوہ وہ تخیل پر زور دے کر اس کا تعلق الہام اور وجدان کی بحث میں پڑنا نہیں چاہتا تھا۔ پھر آرٹ اور فن کے بارے میں اہل یونان کا مجموعی رویہ بھی کچھ بہتر نہیں تھا۔ وہ آرٹ کو مہارت کے معنوں میں لیتے تھے۔ اسی قسم کی مہارت جو نجار اور لوہار یا جراح کے کام میں درکار ہوتی ہے۔ شاعری کو بھی وہ فن کی مہارت(Art poetica) کے طور پر لیتے تھے کیونکہ اس میں بھی صرف و نحو کے قواعد و ضوابط میں مہارت اہم ہوتی ہے۔ یہ درست ہے کہ ارسطو نے شاعری کو محض صرف و نحو کے قوانین میں مہارت کا نام نہیں دیا۔ وہ شعریات میں قوت ایجاد و اختراع کا قائل ہے، مگر یہ بھی نادرست نہیں کہ وہ بھی اپنے عہد کے یونانیوں کی طرح شاعری کو فن سمجھتا ہے اور اس سلسلے میں ہنر مندی اور مشق کا قائل ہے۔ ۲۶

ول ڈیوراں نے بجا طور پر کہا ہے کہ ارسطو نے کیتھارسس کا تصور دے کر آرٹ کی باطنی قوت کو سمجھنے میں اعانت کی جو پر اسرار ہے اور ذہنی ارتفاع کے لئے مفید بھی۔ یقیناً یہ باطنی قوت آرٹ کی تابندگی کو بڑھا دیتا ہے۔ اس طرح اس نے شاعری کی سماجی قدر و قیمت میں خاطر خواہ اضافہ بھی کر دیا۔ تاہم ارسطو کے تصور

فن کو بہت سے مسائل کا سامنا رہا۔ طائرانہ نظر سے دیکھا جائے تو اس کا نظریہ فن جذبات اور احساسات کی اہمیت کو تسلیم کرتا ہے۔ مسرت کا تصور بھی اس کے یہاں موجود ہے۔ لیکن اگر ہم اس کے نظام فلسفہ کے مجموعی دائرہ کار کے اندر رہ کر بات کریں تو یوں لگتا ہے کہ اس کا تصور آرٹ بھی اس کے نظریہ علم کی طرح منطق کا پابند نظر آتا ہے۔ اس نے تطہیر و تذکیہ کے تصور کو نفسیات اور طب کے افادی پہلوؤں کو سامنے رکھ کر برتا اور اس کو منطقی جواز مہیا کیا۔ وہ منطقی جواز کے بغیر کسی دعوے کو قبول نہیں کرتا۔ یہاں تک کہ اس کے یہاں مسرت کا تصور بھی منطق کا تابع نظر آتا ہے۔ اس نے لکھا ہے کہ مسرت کی بنیادی شرط یہ ہے کہ انسان عاقلانہ زندگی بسر کرے۔ ۲۷

رچرڈ ایلرج نے غلط نہیں کہا کہ ارسطو المیہ میں جس سبجیکٹ میٹر پر اصرار کرتا ہے اس کا دائرہ کار محدود ہے کیونکہ اس کے یہاں انسانی زندگی کی قدر و قیمت کا تصور یونانی شہری ریاست کے اصول و ضوابط کے عین مطابق ہے۔ ۲۸ اس کے پیش نظر انسان کی وہ تصویر ہے جو پہلے سقراط اور افلاطون کے افکار میں ابھر کر سامنے آئی اور جس کے خدوخال بعد میں ارسطو نے اپنے انداز سے واضح کئے۔ ان تینوں میں قدر مشترک یہ ہے کہ وہ عدل و صداقت اور حسن عمل کو زندگی کا معیار بناتے ہیں۔ یعنی تینوں ہر چیز کو عقل کی کسوٹی پر پرکھتے ہیں۔ کسی طرح کی جذباتیت کے قائل نہیں۔ اس کی ایک وجہ تو یہ ہے کہ اس عہد کے یونانی حکماء کو عدم استحکام، بد نظمی اور عدم توازن کے چیلنج کا سامنا تھا۔ بد نظمی اور عدم توازن سے ان کی شدید نفرت ان کے عہد کی ضرورت تھی۔ اس لئے انہوں نے توازن و تناسب یا سنہری

وسط کو زیادہ اہمیت دی۔ اسی کو فضیلت کی بنیاد قرار دیا۔۔ چنانچہ ان تینوں حضرات نے غیر عقلی روّیوں کو حیوانی زندگی کی خصوصیات قرار دے کر مسترد کر دیا۔ عقلی فیصلوں پر اتفاق کے باوجود ان تینوں کے یہاں اختلافات کو نظر انداز نہیں کیا جا سکتا۔ ارسطواور افلاطون کے درمیان اختلاف کی جھیل تو بہت وسیع ہے۔ ارسطو نے سقراط کے علم و فضل کی باہمی لزومیت کو قبول نہیں کیا اور نہ ہی وہ افلاطون کی اخلاقی مثالیت پسندی کی خشونت کو برداشت کیا ہے۔ لیکن دلچسپ بات یہ ہے کہ وہ بھی پیش روؤں کی طرح جذبات کی تہذیب اور ضبط نفس کی مشقوں کی تعلیم سے باز نہیں آتا۔ ۲۹ اس نے نظریہ اعتدال کو ایک مکمل انسان کی تصویر کے خدوخال کو مرتب کرنے کے لئے استعمال کیا۔ یہ درست ہے کہ اس نے مسرت یا لذت کو خیر قرار دیتے ہوئے واضح کیا کہ لذت بذاتِ خود ایک ایسی چیز ہے جس کی آرزو کرنی چاہیے۔ لیکن لازمی ہے کہ لذت یا مسرت کو اخلاقی امر سے بر آمد ہونا چاہیے۔ مسرت کا تصور بذات خود فضائل کی بنیاد نہیں بن سکتا۔ جب ہم اس دلیل کو اس کے تصور آرٹ پر منطبق کرتے ہیں تو: نتیجہ یہ نکلتا ہے کہ آرٹ سے حاصل شدہ مسرت اور لذت اخلاقی اصولوں کی پابند نظر آتی ہے۔

ارسطو کو سوال یہ درپیش تھا کہ آرٹ کی سماج میں آفادیت کیا ہے ؟ اس میں کوئی شک نہیں کہ ارسطو نے اس سوال پر بصیرت افروز نظر ڈالی اور آرٹ کیا فادیت کو کیتھارسس کی تھوری میں منکشف کیا۔ یہ انکشاف صدیاں گزرنے کے باوجود آج بھی معنی خیز ہے۔ اس طرح آفادیت کا مسئلہ حل ہوا۔ تاہم مشکل یہ ہے کہ تذکیہ نفس کی آفادی تھیوری نقائص سے پاک نہیں۔ اسے ہم زیادہ سے زیادہ

آرٹ کی ادھوری تشریح کہہ سکتے ہیں۔ یہ تھیوری میں فن کار اور آرٹ کے شائقین کا ذکر تو کرتی ہے، اس تجربے کا تجزیہ نہیں کرتی جسے آرٹ کا ذوقی تجربہ کہا جا سکتا ہے۔ وہ جمالیاتی تجربہ جس سے پہلے مصنف گزرتا ہے اور بعد میں قاری۔ مراد حسن کا وہ مطلق اور خالص تجربہ ہے جس کا ذکر افلاطون ' نے سمپوزیم 'میں کیا ہے۔ خوبصورتی اور حسن کا وہ تجربہ جو جسمی احتیاجات اور خلاقیات کے مسائل سے پاک ہوتا ہے۔ ۳۰

جان ڈیوی نے ارسطو کے نظریہ آرٹ کو بہت زیادہ حقیقت پسندی (Realism) کا مظہر قرار دیا ہے۔ اس کے ہاں سبجیکٹ میٹر کا تصور بھی محدود ہے۔ بعض اوقات تو یوں لگتا ہے کہ ارسطو ارٹ کے بارے میں وہ کوئی آفادی فارمولا فراہم کرنے کی کوشش کر رہا ہے۔ یہ درست ہے کہ آرٹسٹ کو کچھ ایسے اصولوں کی پاسداری کرنا ہوتی ہے جن کو ماضی میں کامیابی سے برتا جا چکا ہے۔ مثلاً شاعری میں قافیہ وردیف' بحر و اوزان اور متعلقہ صنعتوں کا درست استعمال۔ مگر تخیل کی پرواز کے بغیر یہ سب کچھ بے سود ہوتا ہے۔ صرف و نحو میں مہارت سے آج تک کوئی شخص اچھا شاعر نہیں بن سکا۔ فن کار کو موضوع اور مواد، تیکنیک اور سبجیکٹ میٹر کے وسائل میں وسعت درکار ہوتی ہے۔ جدت اور تازہ کاری کی بھی ضرورت پڑتی ہے۔ کیونکہ بقول ڈیوی آرٹ میں فارمولا نسخے جذبوں کو گرمانے سے پہلے ہی خون کو ٹھنڈا کر دیتے ہیں۔ ۳۱ ظاہر ہے اگر مقصود اگر ا آرٹ کا آفادی پہلو ہی ہو، اگر محض حقیقت پسندی کو ہی سب کچھ سمجھ لیا جائے تو تو آرٹ کا دائرہ سکڑتا چلا جائے گا۔ اس جھیل کی طرح جو گرما کی دوپہروں میں سکڑ کر تالاب بن جاتی

ہے۔ ارسطو کے ایک مقلد ہوریس (Horace) کا دعویٰ ہے کہ آرٹ کا کام لطف اندوزی کے ساتھ ساتھ تربیت و تدریس بھی ہے۔ اگر آرٹ کو ہوریس کی نظر سے دیکھا جائے تو کیا ہم کمپیوٹر کے رہنما کتابچوں، سائنسی نظریوں، حسابی ثبوتوں اور اطباء کے نسخوں کو آرٹ کا درجہ دے سکتے ہیں؟۔

اوپر کی بحث سے ہم اس نتیجے پر پہنچے ہیں کہآرٹ میں خواہشات و جذبات کا حسن سب سے اہم ہے۔ آرٹ عقل کی اجارہ داری کو قبول کرتا ہے نہ ہی کسی ارادی قوت کی پابندی کا وہ قائل نظر آتا ہے۔ آرٹ علمیات اور مابعد الطبیعات کے مطالبات کو تسلیم کرنے سے گریز کرتا ہے، اس میں حقیقت اور صداقت کی حتمیت کوئی معنی نہیں رکھتی ہوتی۔ یہ وہ کھیل ہے جس میں معلوم کرنا اہم نہیں، محسوس کرنا اہم ہوتا ہے۔ آرٹ میں جمالیاتی حس کی بیداری ذوق میں تبدیل ہو جاتی ہے۔ جمالیاتی ذوق جب بیدار ہوتا ہے تو نہ صرف خوبصورتی اور حسن کے تجربے کو مسرت کے فراواں احساس میں تبدیل کر دیتا ہے بلکہ بدصورتی اور ضلالت کے خلاف ردّعم کا جواز بھی فراہم کرتا ہے۔ تاہم ردّ و قبول کی یہ کیفیات کسی قبل تجربی اصول کے تحت وقوع پذیر نہیں ہوتیں کیونکہ جمالیات کے دائرے میں شامل تمام مظاہر قدر کے کسی معروضی پیمانے کو قبول نہیں کرتے۔ قدر شناسی کا یہاں ایک ہی معیار ہے۔ ذوق اور ذوق کی پختگی۔ ذوق کی حدود سے باہر خوب و زشت کا کوئی معروضی معیار ہے نہ کبھی ہو گا۔ نقادوں کے تمام محاکے تمام تر بصیرت کے باوجود بنیادی طور پر موضوعی اور یک طرفہ ہوتے ہیں۔ جب ہم کسی ادبی فن پارے یا آرٹ کے کسی شاہکار پر نقد و نظر کرتے ہیں تو پروٹا گورس کا دیا ہوا اصول Man is the measure of all things اہمیت اختیار کر لیتا ہے۔ اس سے مراد یہ ہے کہ ہر انسان کا انفرادی ذوق، اور استعداد اور قدر حسن کا معیار ہوتا ہے۔ پہلے سے طے شدہ اصول رہنمائی کر سکتے ہیں لیکن ذاتی انتخاب میں ان کا فیصلہ کن کردار نہیں ہوتا۔ اس کے علاوہ قدرتی جھکاؤ کا مسئلہ بھی درپیش ہوتا ہے۔ کچھ ناقدین فن مائکل اینجلو کو پسند کرتے ہیں اور کچھ کے نزدیک رافیل کو اس سے بڑا فن کار ہے۔ ذوق، استعداد اور پسند و ناپسند ایک طرح کی Ambivalence ہوتی ہے جس کی تشریح نہیں کی جاسکتی۔ ذاتی انتخاب کی ایک دوسری سطح بھی ہے جس کی مثال اناطولے فرانس کا یہ جملہ ہے اگر مجھے حسن اور صداقت میں سے کسی ایک کے انتخاب کا موقع دیا جائے تو میں بغیر تامل حسن کا انتخاب کر لوں گا۔ ۳۲ اس جملے میں ذاتی انتخاب کا انحصار Episteme پر نہیں ، احساس و جذبات (Feeling and Emotion) پر ہے۔ اناطولے فرانس صداقت پر حسن کو ترجیح اس لئے دی ہے کہ صداقت کے تصور میں معروضیت اور حتمیت کا سوالا جاتا ہے، ذاتی پسند و ناپسند کو نظر انداز کر دیا جاتا ہے۔ اس کے برعکس حسن کا معیار دیکھنے والی آنکھ ہے۔ احساسات کی کیمسٹری اور جذبات کا بہاؤ ہوتا ہے۔ اور پھر جذبات کے بہاؤ میں یہ آپ کے ذوق پر منحصر ہے کہ جنسی حسن کو معیار بناتے ہیں یا معروضی حسن کو۔ اور فی الاصل یہ بھی کوئی حتمی بات نہیں۔ احساسات سے بنی ہوئی وقوف کی دنیا میں حتمیت کا کیا کام؟۔ آرٹ اور جمالیات کے بارے میں اس قسم کے خیالات کو جدیدیت (Modernity) (کی دور میں مرکزیت حاصل رہی ہے۔ اب یہاں استفسار کیا جاسکتا ہے کہ کیا ارسطو اناطولے فرانس کے اس دعوے کو عین بعین

قبول کر سکتا تھا۔ میرا خیال ہے ہر گز نہیں۔۔۔! اس نے آرٹ کے تصور کی ہمدردانہ تشریح ضرور کی لیکن ایک فلسفی کی حیثیت میں اس کے لئے حتمی صداقت (Absolute Truth) کے تصور سے دست بردار ہونا شاید ممکن نہیں تھا۔ اس کے باوجود یہ کارنامہ کیا کم ہے کہ ارسطو نے 'بوطیقا' لکھ کر شعر و فن کو افلاطون کے شہر مثال کی خشونت اور بیداد سے بچالیا۔

حوالہ جات

۱۔ Coplestone, Critical History of Philosophy, F.p. 360

۲۔ Will Durant , History of Philosophy , p . 54

۳۔ سجاد باقر رضوی، مغرب کے تنقیدی اصول: ص ۵۰

۴۔ نعیم احمد، ڈاکٹر، ارسطو کا نظریہ فن، اوراق سالنامہ، ۱۹۹۶ص ۶ ۳۱

۵۔ Poetics, i,1447

۶۔ پال ووڈ رف۔ Paul Woodruf, Aristotle on Mimesis.Esays on Aristotle's poetics, ed. A Rorty,1922

۷۔ The World as Idea and Will vol.1, p. 665

۸۔ ول ڈیوراں، اسٹوری آف فلاسفی، ترجمہ عابد علی عابد، ص ۴۲۵

۹۔ , James Fazer, Abrdigement ,2009 p. 398-400

Golden Bough

۱۰۔ ڈائیونائسس کی کہانی کے لئے دیکھئے جیمس فریزر کی کتاب Golden Bough

۱۱۔ Poetics, 1449 b25-9

۱۲۔ ترجمہ محمد ہادی حسین، ص ۳

۱۳۔ جمہوریہ، ترجمہ ڈاکٹر ذاکر حسین، ص ۴۱۴

۱۴۔ مقالات افلاطون، ترجمہ ڈاکٹر ذاکر حسین، ص ۴۱۳

۱۵۔ بوطیقا۔ ص ۱۲

۱۶۔ The Great transformation, 2006, p. 110

۱۷۔ Stace,P

۱۸۔ Coplestone, p. 331

۱۹۔ Bosanquet, History of Aesthetics, p. 63

۲۰۔ Richard Eldridge, An Introduction to the pHilosphy of Art pp. 26- 31

۲۱۔ Carrol N oel., A Philosophy of Art. 1999,p 26

۲۲۔ Sheppard Anne, Aesthetic: An Introduction to the Philosophy of Art ,1987, p.16

۲۳۔ Susanne langer, On significance in music,p. 209

۲۴۔ Cf. Collingwood, The Principals of Art, 1938

25۔ Susanne langer, 210

26۔ سجاد باقر رضوی، ص 57

27۔ ول ڈیوراں۔ ترجمہ عابد علی عابد، ص 126

28۔ Richard Eldridge, p. 41

29۔ خلیفہ حکیم، داستان دانش، ص 173

30۔ Plato, Symposium, Woodruf, 1989, 210A, p, 59

trans. Alexander Nehamas and Paul

31۔ Dewy , Art as Experience, p. 151

32۔ ول ڈیوراں، ترجمہ سید عابد علی عابد، ص 706

✢ ✢ ✢